THÈSE

POUR LA LICENCE.

L'ACTE PUBLIC SUR LES MATIÈRES CI-APRES SERA SOUTENU

Le

Par YVERT (Henri),

NÉ A AMIENS (SOMME).

Président : M. Valette, Professeur.

Suffragants : }

Le candidat répondra en outre aux questions qui lui seront faites sur les autres matières de l'enseignement.

AMIENS
IMPRIMERIE DE L. YVERT.
—
1855

A MON PÈRE, A MA MÈRE

JUS ROMANUM.

DE ANNUIS LEGATIS ET FIDEICOMMISSIS.

Annua dicuntur legata et fideicommissa quibus relinquitur certa quantitas, non semel præstanda sed quoties temporis certum spatium recurrit, in annos scilicet singulos, vel menses, vel etiam dies.

Quum in annos singulos legatur, non unum legatum, sed plura esse patet. Hinc sequitur in hujusmodi legato non semel diem ejus cedere, sed per singulos annos.

Primo anno, purum est legatum ; sequentibus annis, sub ea conditione : si vivat legatarius. Ut legatum in totum debeatur, legatarium, anno incipiente, vixisse sufficiet. Igitur, si quis dixerit : « Uxori meæ, quoad vivet, in annos singulos centum heres meus dato » et si uxor marito quinquiennio et quatuor mensibus supervixerit, ab herede sexti anni legatum integrum debetur. Legatario autem defuncto, quum legatum annuum plura legata contineat, quorum dies initio cujusque anni cedit, legatum sequentium deinde annorum ad heredes legatarii transmitti non posset. pate

Quum in annos singulos legatur, non semel, id est tempore mortis testatoris, sed etiam eo tempore quo singulorum legatorum dies cedet, scilicet cujusque initio anni, an jus capiendi legatarius habeat, inspicietur.

Quum legatum annuum servo legatur, an servus, cui legatum est, eum dominum habeat quo cum sit factio testamenti, inspiciendum est; et si plurium servus sit, ex personâ singulorum dominorum spectatur. Servus vero, si ad libertatem postea venit, sibi legata eorum annorum quibus invenietur liber, acquirere jure dicitur.

In singulos annos legatum relictum usufructui simile est, quum morte finiatur; at maxima est inter has duas legatorum species differentia, namque legata annua capitis diminutione, ut usufructus, non finiuntur. Præterea, si, incœpto anno, legatarius decesserit, ejus anni legatum heredi suo relinquit, et si fortè sic legatus fundus, ejus heres messes frumentaque omnia colliget. Longe aliud est in usufructu quum fructuarius, si maturis fructibus, nondum autem perceptis, decesserit, heredi suo non hos fructus relinquet.

In eo tandem ab usufructus legato legatum annuum distat, quod legati usufructûs dies, aditâ solummodò hereditate cedit, sed legati annui dies ex die mortis cedit.

Legatum annuum quum civitati relinquitur in perpetuo prestari debet; usufructûs contra legatum centum annos durat.

Si quo loco detur non adscriptum est, quocumque loco petetur, solvendum erit legatum annuum, sicuti ex stipulatu aut nomine facto petatur.

Discernendum est utrum legatum annuum testator relinquere voluerit an tantùm unius quantitatis legatum, solutionis causâ, in

plures pensiones diviserit. Quum enim posterior species uni-
cum legatum, cujus dies semel cedet, contineat, moriente ante
solutionem legatario, nihilominus ad heredes futurorum annorum
legatum transmittitur. Contra, in annuo legato, legatario decedente
præstatio cessat. At si dubitatur an legatum sit unius quantitatis
in plures pensiones solvendæ, an legatum in singulos annos,
ex testamenti verbis variisque causis statuetur.

**DE USU ET USUFRUCTU, ET REDITU, ET HABITATIONE, ET
OPERIS PER LEGATUM VEL FIDEICOMMISSUM DATIS.**

Ususfructus per legatum vel fideicommissum sæpius relinquetur,
sed aliquando dubitari potest utrum ususfructus an proprietas
an aliud quid sit relictum. Tunc inspicienda est legati natura
ex circumstantiis, ex patris familias consuetudine, e presumpta
mente.

Ususfructus legatur vel simpliciter, vel in singulos annos alter-
nisve annis. Quum simpliciter legatur, unum legatum est, cujus
semel cedit dies. Aliter si cui in menses vel dies, singulos ve
annos legetur ususfructus, non jam semel, sed per tempora
adjecta dies legati cedet. Idem est quum alternis annis legatur
ususfructus. Nullam enim patitur intermissionem jus fructuarii;
quum igitur alternis annis relinquetur, tot relictos ususfructus
quoties postea renovabuntur anni, intelligi necesse est. Aliud est
in servitute aquæ et viæ quia una semper est servitus et natura
sua intermissionem habet.

Legatum ususfructus bonorum omnes res quæ in bonis sunt,
continet. An autem in specie fruendæ, dandæ sunt fructuario;
an æstimationis ipsarum ususfructus præstandus est? Ita quæsitum
est an pecuniæ, quæ ex rebus divisis secundum æstimationem

effecta est, tertia præstanda sit, quum quidam bonorum suorum tertiæ partis usumfructum uni ex heredibus legaverat. Ex Scævolæ sententia respondimus : heredis esse electionem utrum'rerum, an æstimationis usumfructum præstare vellet..

Legato bonorum usufructu, æs ælienum ex omnibus rebus deducendum est, quoniam nulla res est quæ non cadit in ususfructus legatum.

Ususfructus legatum personis quæ non moriuntur datum, verbi gratia civitatibus aut collegiis, si duraret semper, manifestum est nudam proprietatem omnino inutilem fore : idcirco, centum elapsis annis, extinctum fore usumfructum statutum fuit, nempe hic longissimæ vitæ terminus existimatur.

Capitis diminutione , media aut maxima ususfructus finire solet; attamen ususfructus ita legari potest ut post etiam capitis diminutionem debeatur ; tum verò novus incipit ususfructus.

Si testator alii legaverit fundi usumfructum, alii fundum deducto usufructu, hæc ultima verba exprimi maxime refert: nam si fundus, omissis verbis quibus detrahitur ususfructus , legatus fuisset, inter ambo legatarios communicabitur ususfructus, quia fundi appellatione plenum dominium significatur.

Reditus servitus non est, unde, si cui fundi reditus legetur, heres fundum vendere poterit et legatario offerre quantitatem annuam quam vivus paterfamilias e fundi locatione consueverat. Superest observandum non esse obstrictum heredem ad habitationem legatario præstandam. — Si heredis facto minores reditus facti essent, legatarium recte desiderare quod ob eam rem diminutum sit : denique ad legatarii heredem reditus legatum non transire constat, quia simile est huic legato in annos singulos.

Usus per legatum vel fideicommissum relinqui potest. An usus, an alia servitus relicta intelligi debeat, aliquando dubitatio erit. verbi gratia, quum legatur usus aquæ, dubitari potest an servitus personalis usus, an servitus aquæ prædialis relicta sit : ex Modestini sententiâ , relictus præsumitur usus.

Cui solus legatus est usus, uti, sed non frui potest. Paulatim per benignam interpretationem fructus ad suum necessarium usum percipi ab usurario posse placuit; sed ipse debet uti , nec locare nec vendere usum potest.

Legatarii morte, vel capitis diminutione exstinguitur usus.

Habitatio est jus gratuito in domo aliena habitandi ; quod nec non utendo, nec capitis diminutione, morte solum finitur.

Operis servi legatis, neque usus neque ususfructus esse videtur, sed aliquod jus ab uno alteroque diversum. Etenim operæ servi nec inusu , nec morte nec capitis diminutione legatarii, sed mortuo vel usucapto servo exstinguuntur. Hominis liberi nec usus nec ususfructus constitui potest, sed jure legantur operæ, id est : si mihi liber homo e locatione vel stipulatione debet operas, ego eas alii testamento lego.

DE ALIMENTIS VEL CIBARIIS.

Alimentorum legata benigne sustinentur quum etiam relicta sunt ipsis quibus non est factio testamenti. Quare jus alimenta capiendi habebat is qui in metallum damnatus fuerat; vel servus cui alimenta sine libertate legata.

Legatis alimentis, cibaria et vestitus et habitatio debebitur ; quia sine his ali corpus non potest. In legato alimentorum aqua contineri potest in regionibus ubi aqua venumdari solet; hoc tamen non est cum prædiali servitute aquæ confundendum.

Semper in his legatis maxime erit spectanda testatoris intentio, quoniam si ab eo cibaria tantum relicta, neque habitationem neque vestitum deberi constat, quia de cibariis unice testator sensit. Hoc legato liberatur hæres seu offerendo mensæ assidere suæ;

seu ad vescendum pecuniam præstando, et quum non testator
adjecit præstandam quantitatem, inspiciendum est quæ defunctus
legatario præstare solitus erat, deinde quid cœteris ejusdem ordinis
reliquerit. Si neutrum apparuerit, ex defuncti facultatibus legata-
riique caritate statui debebit.

Alimenta relicta currunt ex quo dies legati cedit, non ex mora.
Donec scripsit testator, debebuntur, aut si non apparet quid
sentiat, per totum vitæ tempus. Aliquando relinquit testator quæ
vivus prœstare solebat, et ea demum præstabuntur quæ mortis
tempore præstare solitus erat; quare si forte varie præstiterit, ejus
tamen temporis præstatio spectabitur quod proximum mortis fuit.

Commodius ut alimenta præstentur, horum executionem legatorum testatores alicui mandare solent, sive heredi aut legatario,
sive etiam alteri cui nihil reliquerit; aliquando executio mandatur
nulli. Heres aut legatarius mandatum recusare non possunt; nihil
aliud est quam si uterque fideicommisso alimentorum gravaretur.
Si contra, ei cui nihil reliquit testator, mandatur, tum is nudus
est executor et minister; et, ut sibi ab herede pecunia præstetur,
agere potest. Tandem si testator nulli executionem mandavit,
hoc casu solent judices, quoties plures sunt heredes, ex causa
alimentorum libertos dividere ne alimenta a singulis heredibus
minutatim petentes distringantur.

DE ADIMENDIS ET TRANSFERENDIS LEGATIS.

Quisquis legata, quæ alicui reliquit, vel adimere prorsùs vel in alium
transferre potest, quia nihil prohibet priorem scripturam prosteriore
corrigere, commutare, rescindere. ita ut in testamento codicillis
ve expressa novissimè servetur voluntas.

De Ademptione. Antiquo jure, legatum adimi poterat, dum

tamen eodem modo ademptum fuerat quo datum est : fideicommissum
contra et nuda voluntate adimi fas erat. Jure autem justinianeo
quum abrogata sit formularum solennitas et legata fideicommissis
exæquata sunt, dicendum est nudam voluntatem, ut legata etiam
ipso jure videantur adempta, sufficere.

Legata et fideicommissa non solum per se et principaliter
adimuntur, sed et quum id adimitur sine quo consistere non
possunt.

Hæc adimendi voluntas colligitur ex gravibus inimicitiis,
aut ex conviciis quibus defunctus legatarium impetiit. Quum rem
relictam testator alienaverit, ex alienatione, et quamvis quidem
invalida, adimendi voluntas colligetur. Imò, legatum non ideo
reintegrabitur quod hanc rem testator redemerit.

Attamen, si rem legatam postea testator pignori vel fiduciæ
dederit, ex eo non præsumetur ademptio. Idem dicendum est,
si rem legatam testator, necessitate urgente, alienaverit, nisi
probetur legatario defunctum adimere voluisse, et in eo casu
mutatæ voluntatis ab herede probatio exigenda erit. Quod si,
res legata, vivo testatore, alii donata fuerit, legatum omnimodo
exstinguetur. Tertia fit exceptio, si ea res relicta fuerit in qua magis
pretii quantitas quam corpus spectetur et pretium in corpus
patrimonii testatoris versum sit.

Adimendi legati vel fideicommissi voluntas adhuc præsumitur,
si illud testator induxerit, aut ex eo quod defunctus cessare fecerit
causam propter quam reliquisse videbatur.

Si codicillis alicui adscribatur pars ejus quod ei testamento
relictum erat, hinc colligetur superflui adimendi voluntas quæ ;
non præsumetur ex posteriori testamento imperfecto in quo nihil
vel aliud relinquetur ei cui in priore relictum est.

Datum legatum tam pure quam sub conditione adimitur, sed nulli alii quam cui datum est adimi potest. Circa ademptionis utilitatem nunc dicendum est : hujus rei ademptio est utilis cujus legatum valere desierat sed ita ut convalescere potuisset : si non, inutilis ademptio. Adimi utiliter non potest nisi ipsa res quæ legata est ; hinc genere legato, si certa species adimitur, ademptio non valet. In eo tamen proficit ut hæc species eligi non possit, verbi gratia, si homo legetur et Stichus adimatur, Stichum legatarius eligere non poterit.

Si quis plus adimerit quam dederit, quin ademptio valeat, non dubitatur. Pro parte ademptio fieri potest ; earum autem rerum pro parte ademptio non utilis esse potest, quæ non pro parte relinqui possunt.

Ademptionis pure factæ is est effectus ut non debeatur res adempta ; sub conditione factæ, ut legatum sub contraria conditione debeatur.

De translatione. Translatio legati fit quatuor modis : aut enim a persona in personam transfertur, aut ab eo qui dare jussus est transfertur, ut alius det, aut quum res pro re datur, aut quod pure datum est, sub conditione transfertur.

1° Sicut legatum potest adimi ita et ad alium transferri, veluti hoc modo : « quod Titio legavi, id Seio do lego. » Quæ res in personam Titii tacitam ademptionem continet, et quamvis sit inefficax translatio, quia cum Seio mihi non est factio testamenti, licetque illi non debeatur, nec Titio tamen debebitur cui fuerit ademptum. Ademptio quæ in translatione continetur pura aut conditionalis est, prout ipsa translatio pure aut sub conditione facta est, et quum translatio conditionalis contineat ademptionem prioris legati, prius legatum ex puro fieri conditionale et sub contraria conditione deberi dicendum est.

Legatum sub conditione factum posteaque translatum, sub eadem conditione transferri constat, nisi priori personæ conditio cohæreat, aut in translatione aliquid novi adjunctum fuerit. Quod si legatum onere gravatum in alium translatur, cum eodem onere translatum videtur, nisi, in hoc casu quoque, aliud in translatione adscriptum fuerit. Sin autem testator, legatario, quodam onere expresso, reliquerit, et rursus in eumdem transtulerit, nec de onere aliquid adjecerit, illud sustulisse intelligitur.

Non semper translatio fieri intelligitur, quum res, quæ priori legata est, posteriori legatur, nam duo possunt esse legatarii re tantum conjuncti. Translatio igitur erit quum res posteriori legatur priori adimendi animo. Necesse autem non est hanc voluntatem expressam esse ; sufficit quod præsumi possit.

2ª Si quid, quod a Titio dedi, a Mævio dem, quamvis soleant esse ejusdem duo rei debitores, tamen verius est hoc casu onus legati a Titio ademptum et in Mævium translatum. Sed non defunctus intelligitur hanc translationem facere ex eo solo quod legata a quibusdam heredibus relicta testamento, codicillis ad onnes heredes scriptis repetierit.

3ª — 4° Duæ aliæ translationis sunt species, quum res pro re datur, ut pro fundo decem aurei, aut quum id quod alicui pure relictum est, aut sine onere, eidem sub conditione aut onere adjecto, relinquitur, et vice versa. Ut tales intervenisse videantur translationes semper testatoris spectanda est intentio.

POSITIONES.

I. In annuis legatis cedit dies initio anni.

II. Si testator annuam pecuniam ad ludos civitati legat, quibus præsidere jubet hæredes, utrum hæc pecunia tandiu præstanda sit quandiu vivant hæredes, an perpetuo ? — Perpetuo.

III. Testator quasi-fructuario satisdationem remittere non potest.

IV. Si quis ita legaverit : « damnas esto hæres Titium sinere in illa domo habitare *quoad vivet*, » unum est legatum, secus esset, si tali modo usumfructum legasset.

V. Si testator dicat « se legare annuum quod ipse vivus dare solitus erat, » et si varie annua præstiterit, quid debebitur ? — Debebuntur novissima quæ mortis tempore præstare solitus erat.

VI. Cum legatus fuerit fundi reditus, non constituitur jus in fundo, sed tantum ad fundi fructus.

VII. Hominis operæ legatæ, capitis diminutione, vel non utendo non amittuntur.

DROIT FRANÇAIS.

Code Napoléon, liv. III, tit. II, ch. V, sect. III, IV, V, VI, VII et VIII, art. 1002 à 1048. — Loi du 25 ventose an XI, sur le Notariat, titre Ier, art. 1 à 30; art. 68. — Ordonnance de la Marine, d'août 1681, liv. Ier, tit. IX, art. 24. — Loi du 3 mai 1822, sur la police sanitaire, art. 1 et 19.

On nomme legs toute libéralité faite par testament.

Les legs sont, d'après la division établie par le Code, 1° universels; 2° à titre universel; 3° particuliers.

Entre l'héritier proprement dit et le légataire, il existe une profonde différence; car l'héritier est successeur à la personne même du défunt, tandis que le légataire ne succède qu'à ses biens. La loi romaine reconnaissait, en même temps que des héritiers *ab intestat*, des héritiers testamentaires et c'était cette règle qu'avaient adoptée nos pays de droit écrit; dans nos pays de coutume, au contraire, il était de principe qu'on ne pouvait se donner d'héritier, de continuateur à sa personne par testament. De ces deux systèmes, le Code, tout en laissant pour le choix des termes une entière latitude, suit le premier, car il déclare que toutes les dispositions testamentaires, qu'on les ait faites sous le nom d'institution d'héritier ou autrement ne seront jamais que des legs. Il est donc incontestable que par testament on ne fait plus d'héritiers, de successeurs à la persoune, mais de simples légataires, de simples successeurs aux biens.

Des Différentes espèces de Legs.

1° *Legs universel*. C'est celui qui donne un droit, au moins éventuel, à la totalité des biens que le testateur laissera au jour de son décès. La présence, soit de légataires à titre universel ou particulier, soit d'héritiers réservataires, peut réduire considérablement, annihiler même la part du légataire universel, sans que la nature du legs en soit pour cela changée, car pour apprécier si un legs est universel ou non, il ne faut pas s'attacher aux résultats de fait, mais voir si, en droit, le légataire a vocation à l'universalité des biens, et par universalité, on entend l'ensemble des biens considérés en masse et comme unité. Du moment qu'un pareil droit existe, quels ques soient les obstacles qui surviennent à son exercice, il y a legs universel.

Legs à titre universel. C'est une disposition testamentaire par laquelle le testateur lègue :

Ou une fraction de la quotité disponible,

Ou tous ses immeubles,

Ou tous ses meubles,

Ou une fraction de ses immeubles,

Ou une fraction de ses meubles.

Legs particulier. Le legs particulier étant de la nature la plus variée, il eût été impossible au législateur de donner une définition exacte : aussi, après avoir défini le legs universel, et énuméré les cas où il y a legs à titre universel, a t-il ajouté, art. 1010 : « tout autre legs ne forme qu'une disposition à titre particulier.

De l'acquisition des Legs.

§ Ier. DES ACTIONS QUI APPARTIENNENT AUX LÉGATAIRES.

Le légataire universel acquiert sur les biens de défunt une propriété absolue et exclusive, s'il n'existe pas d'héritier réservataire ; dans le cas contraire, une propriété indivise. Trois actions compètent au légataire universel : 1° action en partage de la succession, lorsqu'il est dans l'indivision avec un héritier réservataire ; 2° action en revendication contre les tiers possesseurs des biens de la succession ; 5° action personnelle à l'effet de poursuivre les débiteurs du défunt.

Le légataire à titre universel acquiert une propriété absolue et exclusive, lorsqu'on lui a légué, soit tous les immeubles, soit tous les meubles ; indivise lorsque son legs a pour objet une fraction des biens, des immeubles ou des meubles. Les actions qui appartiennent au légataire universel, lui appartiennent également dans les limites de la fraction qu'il recueille.

Le légataire particulier a un droit à la chose léguée : et ce droit sera, selon les circonstances, tantôt un *jus in re*, tantôt un simple *jus ad rem*. Ainsi quand le legs aura pour objet une somme d'argent, ou une chose déterminée quant à l'espèce seulement, le légataire n'aura qu'un droit de créance, un simple *jus ad rem;* en outre la tradition sera nécessaire pour opérer la mutation de propriété. Lorsqu'au contraire ce sera un corps certain qui sera légué, le légataire en sera propriétaire immédiatement.

Trois actions compètent au légataire particulier pour l'exécution du legs.

3

1° Action en revendication, quand le legs a pour objet la propriété d'un corps certain ; 2° quand la chose léguée n'est déterminée que dans son espèce, action personnelle contre les différents débiteurs du legs, c'est-à-dire contre les détenteurs à titre universel de la quotité disponible, lesquels ne sont tenus de répondre à cette action qu'au prorata de leurs émoluments dans cette quotité ; 3° action hypothécaire sur tous les immeubles de la succession, assurant au légataire un droit de préférence et un droit de suite sur lesdits immeubles, et, ensuite, la faculté d'agir pour le tout contre celui des débiteurs du legs, qui a dans son lot un immeuble de la succession, si la valeur en est égale ou supérieure au legs ; dans le cas contraire, jusqu'à concurrence de cette valeur. Il est bien entendu que celui des débiteurs du legs, qui, par suite de l'action hypothécaire, aura payé plus qu'il ne devait, conservera son recours contre ses co-obligés.

§ II. DE L'EXIGIBILITÉ ET DE LA TRANSMISSIBILITÉ.

Un legs peut être pur et simple, à terme, conditionnel.

Tout legs pur et simple est acquis au légataire, dès le moment du décès du testateur, et la demande en délivrance peut être formée le jour même de l'ouverture de la succession. C'est aussi à la même époque qu'il devient transmissible, et le légataire, n'eût-il survécu qu'un instant de raison au testateur, transmet à ses héritiers, quels qu'ils soient, son droit au legs comme tout autre droit acquis.

Le legs à terme est également acquis dès le moment du décès du testateur ; car le terme, à la différence de la condition, ne suspend point l'acquisition du droit, mais seulement son exigibilité.

Il suffit donc, pour l'acquisition du legs à terme, que le légataire survive au testateur; s'il meurt avant l'échéance du terme, le legs, comme tout autre droit acquis, passe à ses héritiers qui pourront former la demande en délivrance, lorsque le terme fixé sera échu.

Quant au legs conditionnel, il n'est acquis au légataire que du jour où la condition se réalise, et ce n'est qu'à cette époque qu'il devient exigible et transmissible aux héritiers.

§ III. DE LA DEMANDE EN DÉLIVRANCE.

Quand le testateur, qui a fait un legs universel, laisse des héritiers réservataires qui acceptent sa succession, ces héritiers ont la saisine, c'est-à-dire la possession légale, non pas seulement de leur réserve, mais de la succession entière, et le légataire est tenu de leur demander la délivrance de la fraction de biens dont il est propriétaire en vertu du testament.

Néanmoins, et quoique l'héritier à réserve soit ainsi seul possesseur des biens jusqu'à la délivrance, la loi, pour ne pas priver le légataire universel des avantages pécuniaires dont il profiterait s'il avait la saisine, accorde à ce légataire, à compter du jour même du décès, les fruits de la portion des biens qui lui appartient. Pour qu'il jouisse de cette faveur, une condition lui est imposée toutefois ; il faut qu'il demande la délivrance dans l'année même du décès, sinon les fruits ne lui seraient dus qu'à compter du jour où il aurait formé sa demande en délivrance, ou qu'à dater de l'époque à laquelle elle lui aurait été volontairement consentie.

Quand il n'y pas d'héritiers à réserve, le légataire universel est saisi par la loi de tous les biens de la succession, dès le décès du testateur ; mais si son testament n'est pas authentique, s'il est olographe ou mystique, ce légataire ne pourra posséder de fait qu'après avoir accompli d'abord les formalités énoncées en l'art. 1007, et s'être fait ensuite envoyer en possession par une ordonnance du président du tribunal.

Toute personne, d'ailleurs, qui réclamera l'exécution d'un testament olographe ou mystique, devra se conformer aux prescriptions de l'art 1007.

Le légataire à titre universel n'a jamais la saisine des biens qui lui sont dévolus par le testament ; il doit en demander la délivrance aux héritiers réservataires, à leur défaut aux légataires universels, et, à défaut de ceux-ci, aux héritiers appelés dans l'ordre établi au titre *des Successions*. Quant à la disposition qui attribue aux légataires universels les fruits de la portion des biens qu'ils sont appelés à recueillir, dans le silence de la loi, elle ne saurait être étendue aux légataires à titre universel, qui n'auront jamais droit à ces fruits que du jour de la délivrance judiciairement demandée ou volontairement consentie.

Les légataires particuliers n'ont jamais la saisine et sont tenus de demander la délivrance à qui de droit. Quant aux fruits de la chose léguée, ils n'y peuvent prétendre qu'à compter du jour de leur demande en délivrance, ou du jour auquel elle leur aurait été volontairement consentie. Cependant ce principe souffre exception, et les intérêts et fruits de la chose léguée courent au profit du légataire, sans demande en justice, dès le jour du décès : 1° lorsque le testateur aura expressément déclaré sa volonté à cet égard dans le testament ; 2° lorsqu'une rente viagère ou une pension aura été léguée à titre d'aliments ; 3° lorsqu'il s'agit d'un legs de libération, car la dette du légataire étant éteinte du jour du décès, il est évident qu'elle ne peut plus porter intérêt.

Les frais de la demande en délivrance sont à la charge de la succession, tant que la valeur cumulée des frais et du capital des legs ne dépasse pas la quotité disponible, parce que la réserve ne doit jamais être attaquée. Quant aux frais d'enregistrement, ils seront supportés par le légataire, à moins que le testateur n'en ait ordonné autrement.

Des obligations des Légataires.

La masse de biens destinée à payer les dettes, c'est la succession toute entière ; la masse de biens affectée à l'acquittement des legs, c'est la quotité disponible. Cela posé, le légataire universel qui recueillera seul toute la succession devra payer toutes les dettes, et acquitter tous les legs particuliers ; mais si son droit éventuel à la totalité des biens laissés par le testateur se trouve amoindri par la présence d'autres légataires venant à titre universel concourir avec lui, il ne paiera les dettes et n'acquittera les legs qu'au prorata de son émolument dans la succession.

Le légataire universel sera t-il tenu des dettes de la succession *ultra vires bonorum* ?

Sur cette question vivement controversée deux systèmes sont en présence. Nous avons vu que le légataire universel qui ne rencontrait pas d'héritier réservataire avait la saisine ; or, c'est de cette disposition qu'on argumente dans un premier système pour en arriver à déclarer le légataire universel saisi tenu des dettes *ultra vires bonorum.*

En effet, dit on, le bénéfice de la saisine ne pouvant appartenir qu'à ceux qui représentent le défunt, si la loi l'accorde au légataire universel, c'est qu'elle lui reconnaît cette qualité de continuateur de la personne du *de cujus.* Or, comme tel, il doit être, ainsi que les héritiers, tenu des dettes *ultra vires*, s'il n'a soin d'accepter

sous bénéfice d'inventaire. Mais de ce fait que le légataire est
saisi, il ne s'ensuit pas qu'il représente le défunt : sans doute
tout héritier aura la saisine, mais la réciproque n'est pas vraie,
et l'exécuteur testamentaire qui, dans certains cas, peut la recevoir,
quoique n'étant en rien successeur du défunt, nous prouve qu'il
n'est pas exact de dire que quiconque a la saisine est par cela
seul héritier et représentant du défunt. Nous trouvons encore
la confirmation de ce système dans l'article 1002 qui déclare que
toute disposition testamentaire ne produira jamais l'effet que d'un
legs ; donc le légataire universel, ne représentant le défunt
en aucunes circonstances, ne sera jamais tenu des dettes qu'*intra
vires bonorum*.

Que si, maintenant, le légataire universel se trouve en concours
avec un héritier réservataire, il ne paiera bien encore les dettes
que proportionnellement à la fraction des biens qu'il conserve ;
mais quant aux legs particuliers, en vertu de ce principe que la
masse de biens destinée à les acquitter est la quotité disponible,
le légataire universel détenant cette quotité entière les acquittera
tous ; non pas intégralement, car ces mots « *tous les legs* » ne
sont placés, dans l'article 1009, que pour faire opposition à ceux-
ci « *sera tenu des dettes et charges pour sa part et portion* », non
pas intégralement, disons nous, mais en leur faisant subir, comme
il est dit, les réductions autorisées aux articles 926 et 927.

Les légataires à titre universel, simples successeurs aux biens,
ne sont jamais tenus des dettes qu'*intra vires bonorum*. Il les paieront
en proportion de la portion de succession qu'ils recueilleront.
Lorsque le testateur aura légué, soit tous ses immeubles, soit tous
ses meubles, ou bien une fraction de ses immeubles ou de ses
meubles, on déterminera la fraction de succession afférente aux

légataires, en comparant la valeur des biens compris dans le legs a la valeur de tous les biens.

Les légataires à titre universel, en concours avec un héritier non réservataire, paient les legs particuliers dans la même proportion que les dettes ; si c'est avec un héritier réservataire que le concours s'établit et que tout le disponible soit absorbé, les legs particuliers seront tous à la charge des légataires à titre universel; que si le disponible n'est pas entièrement absorbé, l'héritier et les légataires paieront les legs particuliers proportionnellement à la part que chacun d'eux prendront dans ce disponible.

Nous rappellerons que, conformément à l'article 1017, les légataires universels et à titre universel pourront être actionnés, pour le tout, par les légataires particuliers, sauf recours contre leurs co-débiteurs pour tout ce qu'ils auront payé, par suite de l'action hypothécaire, au-delà de ce dont ils sont tenus personnellement. Toutefois, lorsque le legs réclamé sera d'un objet déterminé faisant partie d'une masse de biens recueillie à titre universel, le légataire qui retiendra cette masse devra délivrer l'objet, sans pouvoir exercer de recours contre ses co-successeurs universels.

Les légataires particuliers ne contribuent jamais au paiement des dettes de la succession, car les dettes sont à la charge, non pas de tel ou tel bien, mais de l'ensemble du patrimoine. Cette règle doit être entendue en ce sens, que legs particuliers doivent être acquittés sans aucune déduction, lorsque, après les dettes payées, il reste assez de bien pour les acquitter tous et chacun intégralement ; mais ils subiront une réduction proportionnelle, non seulement s'ils entament la réserve, mais encore si leur somme est supérieure à l'actif net de la succession ; *non sunt bona nisi deducto aere alieno*.

Le légataire particulier sera tenu de payer les dettes, toutes les fois que les créanciers intenteront contre lui l'action hypothécaire ; mais alors il aura recours contre ceux qui sont personnellement obligés au paiement.

Dispositions interprétatives de la volonté du testateur.

La chose léguée doit être délivrée avec ses accessoires; la loi suppose que le testateur a entendu comprendre dans le legs toutes les choses qui sont comme le complément de l'objet principalement légué.

Comme c'est au moment de la mort du testateur que la propriété de la chose léguée passe au légataire, c'est dans l'état où elle se trouve à ce moment qu'elle doit être délivrée, qu'elle ait été améliorée ou détériorée depuis la confection du testament (art. 1018). Ainsi les embellissements, constructions, plantations faits par le testateur sur la chose léguée profitent au légataire; ainsi encore, le legs d'un enclos donne au légataire les terrains que le donateur y a compris postérieurement à la confection du testament. Mais le testateur qui a légué un immeuble n'est pas réputé avoir compris dans ce legs les acquisitions par lesquelles il a ensuite augmenté l'immeuble légué, encore que les acquisitions y fussent contiguës : pour que le légataire en profite une nouvelle disposition sera nécessaire. (art 1019) Nous trouvons encore, dans l'art 1020, une autre application du principe que la chose léguée doit être délivrée dans l'état où elle se trouve au jour du décès du testateur. En effet, cet article décide que lorsqu'il aura été légué une chose grevée d'un usufruit ou d'une hypothèque, celui qui doit acquitter le legs ne sera point tenu de la dégager, à moins qu'il n'en ait été chargé par une disposition expresse du testateur.

En droit romain, le legs de la chose d'autrui était nul quand le testateur avait cru sienne la chose léguée ; valable quand il avait su, au contraire, qu'elle ne lui appartenait pas.

En défendant, dans l'art. 1021, le legs de la chose d'autrui, le Code a voulu prévenir les procès auxquels donnait lieu la question de savoir si le testateur avait connu ou non que la chose ne lui appartenait pas. Mais toutes les fois que le legs sera conçu dans des termes tels qu'il est évident que le testateur a légué sciemment la chose d'autrui, nous devons décider qu'il sera valable.

On peut valablement léguer une chose qui n'est déterminée que quant à son espèce; par exemple, un cheval, tant d'hectares de terre, etc.; lors même qu'il ne se trouverait pas dans la succession de choses de cette espèce. Le testateur a bien légué une chose dont il n'était pas propriétaire, mais il n'a pas légué la chose d'autrui, car les genres n'appartiennent à personne. Dans ce cas, le droit de déterminer la chose qui devra être donnée appartient au débiteur du legs, qui, s'il n'est pas tenu de donner une chose de la meilleure qualité, ne pourra pas non plus l'offrir de la plus mauvaise. (art. 1022).

Le legs étant une libéralité, celui qu'un débiteur fera à son créancier ne sera point présumé fait en compensation de la créance. (art. 1023). Toutefois la volonté contraire du testateur, lorsqu'il l'aura exprimée, devra être respectée, et remarquons que, dans ce cas, le legs fait à un créancier de ce qu'on lui doit lui est encore utile en qu'il lui assure une hypothèque générale sur tous les immeubles de la successsion, et surtout, si la dette était à terme, en ce qu'il en avance l'exigibilité.

Des exécuteurs testamentaires.

On appelle exécuteurs testamentaires les personnes auxquelles le testateur donne mandat de veiller après sa mort à la parfaite exécution de ses dernières volontés. Une ou plusieurs personnes peuvent être désignées par le testateur qui, dans ce dernier cas, est libre de conférer à chacune des fonctions spéciales, ou de donner à toutes un pouvoir général.

Les exécuteurs testamentaires peuvent, par disposition expresse du *de cujus*, être investis de la saisine du tout ou partie du mobilier ; mais si le testateur ne la leur a pas donnée, ils ne peuvent l'exiger. Cette saisine, qui ne saurait être étendue aux immeubles, ne peut durer plus de l'an et jour ; elle n'est point incompatible avec celle que les héritiers acquièrent, conformément à l'art. 724 ; car l'exécuteur testamentaire, quoique saisi, n'acquiert pas une véritable possession ; il ne détient les biens qu'à titre de dépôt ou de séquestre. Au surplus, les héritiers peuvent faire cesser cette saisine en justifiant de l'exécution des legs mobiliers, ou en offrant à l'exécuteur une somme suffisante pour les acquitter. (art. 1026, 1027).

L'exécuteur testamentaire devant rendre des comptes aux héritiers, la loi déclare que quiconque ne peut s'obliger ne pourra être exécuteur testamentaire. Ainsi le mineur, émancipé ou non, sera incapable d'accepter un pareil mandat, par la raison que pouvant se faire restituer pour cause de lésion, son administration n'offrirait pas aux héritiers une garantie suffisante.

La femme séparée de biens, ou qui, mariée sous le régime dotal, possède des paraphernaux, pouvant être poursuivie sur la pleine propriété de ces biens pour les obligations qu'elle contracte avec l'autorisation de son mari, ou avec celle de la justice, la loi lui permet d'accepter avec l'une ou l'autre de ces autorisations. Quant à la femme mariée sous le régime de communauté, ou avec exclusion de communauté, ou sous le régime dotal, mais sans paraphernaux, elle ne peut être exécutrice testamentaire qu'avec l'autorisation de son mari, car avec celle de la justice elle n'obligerait que la nue-propriété de ses biens. (art. 1028, 1030).

L'exécuteur testamentaire qui a la saisine du mobilier doit, s'il y a des héritiers mineurs, interdits ou absents, faire apposer les scellés, et dresser l'inventaire des biens de la succession, en présence de l'héritier présomptif ou lui dûment appelé. Dans ce même cas de saisine, l'exécuteur doit, quand cette saisine expire, rendre compte aux héritiers de l'emploi qu'il a pu faire du mobilier, soit pour acquitter les legs, soit pour payer les frais de scellés, d'inventaire, et autres relatifs à ses fonctions ; ces dépenses resteront à la charge de la succession.

L'exécuteur qui n'a pas la saisine du mobilier n'est tenu ni de requérir l'apposition des scellés, ni de faire faire inventaire, mais il en a la faculté puisqu'il est chargé de l'exécution du testament et qu'il doit prendre toutes les mesures propres à garantir l'acquittement des legs. C'est pour cette raison que, saisi ou non, il a toujours le droit, à défaut de deniers suffisants pour payer les legs, de provoquer la vente du mobilier et d'intervenir dans toutes contestations, sur l'exécution du testament, pour en soutenir la validité. Comme dans le mandat, les fonctions d'exécuteur testamentaire sont personnelles et ne passent point aux héritiers.

Quand le testateur a désigné plusieurs exécuteurs testamentaires, il faut distinguer si le testament attribue à chacun d'eux des fonctions spéciales , ou s'il garde le silence sur le point. Dans la première hypothèse , chacun des exécuteurs doit se renfermer dans les fonctions qui lui ont été assignées , et , s'il s'y est renfermé , il n'est responsable que de ses actes. Quand les fonctions n'ont point été divisées, chacun des exécuteurs testamentaires peut agir seul, à défaut des autres ; mais, par suite, tous répondent solidairement du mobilier qui leur a été confié.

De la révocation des testaments et de leur caducité.

Le testament est révoqué lorsque, valable dès le principe , il a cessé de valoir par suite d'un changement de volonté du testateur. Il est caduc, lorsque certains événements, indépendants de la volonté du testateur, par exemple, l'incapacité du légataire, la perte de la chose léguée, l'empêchent de produire son effet.

La révocation peut être expresse ou tacite.

La révocation expresse doit être consignée dans un testament postérieur, ou dans un acte notarié, dressé selon les formes ordinaires.

Lorsqu'un second testament authentique, portant révocation d'un premier, se trouvera nul en la forme, mais pour contravention à des règles autres que celles de la loi de ventôse, par exemple, parce que le testament aurait été reçu par un notaire assisté de trois témoins au lieu de quatre, la révocation qu'il contiendra sera néanmoins valable, et cela, parce que l'écrit étant tout ensemble testament et acte notarié, demeure valable en cette dernière qualité.

Il y a révocation tacite lorsque le testateur fait un second testament dans lequel il introduit des dispositions incompatibles ou contraires à celles qui sont contenues dans le premier. Deux dispositions sont incompatibles lorsqu'elles ne peuvent être exécutées simultanément ; contraires, lorsque la seconde fait supposer chez le testateur la volonté d'abandonner la première. Mais quand une disposition a-t-elle ce caractère ? C'est là une question de fait que les juges décideront d'après les circonstances.

La loi déclare en outre que toutes les fois qu'un testament aura été révoqué, soit tacitement soit expressément, par un testament postérieur, cette révocation produira tout son effet, quand même l'acte nouveau resterait sans exécution par l'incapacité de l'héritier institué, ou par son refus de recueillir.

La révocation tacite résulte encore de toute aliénation par vente, échange, ou autrement, que fait le testateur de l'objet légué. Il se peut que la chose aliénée rentre dans la main du testateur; ainsi il a vendu avec clause de réméré et a exercé son droit; ainsi encore il a fait une donation que des vices de forme entachent de nullité, et profitant de cette nullité, il a repris la chose; mais le Code, ne s'attachant qu'à ce fait que le testateur a eu l'intention d'aliéner la chose léguée, déclare que, même dans ces différents cas, le legs sera révoqué. Lorsqu'une partie de la chose aura été aliénée, ce sera seulement pour cette partie que le legs demeurera révoqué.

Une troisième et dernière cause de révocation tacite se trouve dans la suppression du testament.

Enfin, la révocation des legs peut être prononcée en justice, après la mort du testateur, dans les quatre cas suivants : 1° pour inexécution des charges imposées au légataire; 2° pour attentat à la vie du testateur; 3° pour sévices délits ou injures graves envers ce testateur ; 4° pour injure grave à la mémoire du défunt. Dans ce dernier cas la loi limite la durée de l'action en révocation à une année à partir du jour du délit.

Le legs devient caduc : 1° quand le légataire meurt, soit avant le décès du testateur, dans le legs pur et simple ou à terme, soit avant l'accomplissement de la condition, dans le legs conditionnel. Mais que doit-on entendre par legs conditionnel? Le Code n'en donne aucune définition précise; c'est donc aux juges qu'est confié le soin d'interpréter la volonté du défunt, et de rechercher si l'événement que le testateur avait en vue était destiné à retarder l'existence du legs ou seulement à en suspendre l'exécution. Dans le premier cas, le legs est conditionnel, dans le second, à terme.

Le legs est encore caduc, lorsque le légataire refuse de le recueillir ou qu'il en est devenu incapable, soit au décès du testateur, si le legs est pur et simple ou à terme, soit à l'avénement de la condition, si le legs est conditionnel.

Enfin la perte de la chose léguée est une dernière cause de caducité. Si la perte est arrivée du vivant du testateur, le legs n'a jamais eu d'existence ; mais si elle n'est survenue qu'après la mort du testateur, le droit de propriété de la chose s'étant fixé sur la tête du légataire qui le conserve malgré toutes les transformations que la chose peut subir, tout ce qui n'aura pas péri pourra être réclamé. Cette cause de caducité ne peut s'appliquer qu'aux legs de corps certains, et non à ceux de quantité, en vertu de l'axiome romain ; *genera non pereunt.*

Droit d'accroissement.

Le prédécès, le refus ou l'incapacité du légataire n'auront pas toujours pour effet de rendre le legs caduc et de faire revenir au débiteur l'objet légué. En effet, celui qui prédécède, qui refuse ou qui se trouve incapable, peut avoir des co-légataires qui, comme lui, appelés à la totalité de l'objet, n'auraient partagé qu'en vertu du principe *concursu partes fiunt*. Or, dans le cas de légataires ayant chacun vocation au tout, l'exclusion de l'un d'eux ne produira d'autre effet que d'attribuer aux autres une part plus forte : cette faculté, pour le légataire, d'obtenir, dans l'objet légué, une portion plus considérable que celle qu'il aurait eue, si tous les appelés étaient venus, se nomme droit d'accroissement; mais il est plus juste de dire qu'il y a non-décroissement du droit à la totalité, ou du moins décroissement moindre que celui dont ce droit aurait été atteint, si tous les appelés étaient venus concourir.

Cet accroissement ne peut avoir lieu évidemment qu'entre légataires, tous appelés à un même bien et chacun pour le tout : et si des objets distincts, ou des parts distinctes dans un objet, ont été légués, il n'est plus possible. Le Code a rendu cette idée en disant qu'il y aurait lieu à accroissement dans le cas où le legs serait fait à plusieurs conjointement.

Mais quand le legs sera-t-il fait conjointement? Le Code n'a pas reproduit sur ce point la distinction des anciennes conjonctions romaines, *re tantum, re et verbis, verbis tantum;* il laisse aux magistrats le soin de décider si, d'après l'intention du testateur, la vocation à la totalité du legs existe ou non pour chacun des co-légataires. Toutefois, deux cas sont indiqués dans lesquels la conjonction se présume de plein droit. 1° Lorsque le legs sera fait par une seule et même disposition, et que le testateur n'aura pas assigné la part de chacun des légataires dans l'objet légué: 2° lorsqu'une chose qui n'est pas susceptible d'être divisée sans détérioration, aura été donnée par des clauses séparées, mais dans le même testament à plusieurs personnes.

QUESTIONS.

I. Le legs d'usufruit de tout ou partie des biens est un legs à titre particulier.

II. Le légataire à titre universel n'a droit aux fruits qu'à compter du jour de sa demande, alors même qu'il aurait formé cette demande dans l'année.

III. Le testateur qui, après avoir légué un terrain, construit sur ce terrain, doit-il être censé avoir compris dans le legs la construction qu'il a élevée? Cette question doit se décider d'après les circonstances particulières de la cause.

IV. Le testateur peut-il donner à son exécuteur testamentaire la saisine sur d'autres biens que ses meubles, et la lui donner pour plus de l'an et jour? — Non.

V. Le testateur peut-il dispenser son exécuteur testamentaire de faire faire inventaire? — Oui. — De rendre compte? — Non.

VI. Un acte sous seing-privé, daté et signé par le testateur, portant révocation d'un testament antérieur, mais ne contenant aucune attribution de biens, aucun legs, produira-t-il quelqu'effet? — Non.

VII. L'accroissement a-t-il lieu pour un legs d'usufruit, après même que tous les co-légataires auraient recueilli? — Oui.

www.ingramcontent.com/pod-product-compliance
Ingram Content Group UK Ltd.
Pitfield, Milton Keynes, MK11 3LW, UK
UKHW021040220726

9 782019 956288